ボーダーブックス⑥

みんなで考えよう「非行少年・少女」たちのSOS

まじめになるのはきつい！

南　研作
minami kensaku
南島　司
minamijima tsukasa

ボーダーインク

「改訂・ダイジェスト版」出版について

本書は二〇〇〇年三月に日本図書刊行会から出版された「こっち向いてよ　父さん　母さん――『非行少年・少女』たちの叫び――」の「改訂・ダイジェスト版」である。

旧著は幸にして父母や教師の皆さんなどに強い関心をもって読んでいただいたと自負している。しかし、出版社が重版しなかったため極めて限られた部数の発行にとどまった。多くの友人、知人、先輩等から「ほしい」との注文をいただきながら絶版報告をせざるをえなかった。加えて東京在出版社からの発行であったため、沖縄県内での販売はそれこそごく少ない部数となった。

今回、那覇市在の出版社であるボーダーインクより新たに改訂版を出すことになった。改訂にあたっては旧著の中から、多くの方にぜひ読んでもらいたいと思われる項のみを選んだダイジェスト版とした。加藤氏の推薦のことばは、そのまま再録させてもらった。

文章は手を加えず旧著のままとしたが、この間に少年法の改定等があり、それにともない、どうしても必要な部分については添削した。「戸塚ヨットスクール事件」について最終審（最高裁）の判決がでて刑が確定した。これについて書き加えた。補論を二つ追加した。

ダイジェストとしたことにより前後の関連で適切さを欠く記述となっている部分があるかもしれない。ご批判をいただきたい。

本書を手にした方々から少年非行についての多くのご意見がいただけるものと期待している。

二〇〇三年一月二十日

南　研作

南島　司

目次

まえがき

　一九九二年二月、依頼されて少年非行問題について書いた。沖縄県那覇市で発行されている「琉球新報」の副読紙「週刊レキオ」紙。当時沖縄県内で中学生の集団暴行による死亡事件（傷害致死事件）の発生もあり、少年非行は社会の注目を集めていた。同紙は非行問題を長期連載した。タイムリーな「キャンペーン」であった。幾人かによって一年以上にわたって続けられたこのシリーズは「本格的」な企画もので読者の反響も大きかった。

　私は連載スタートの一番バッターとして執筆依頼を受けた。非力を省みず引き受けたのは、子どもたちの非行問題を社会全体で考えることが何よりも重要だという思いが強かったからである。十分な準備がないまま書き始めたら、案の定、悪戦苦闘の連続であった。キーボードの上で指が動かないまま朝を迎えたこともあった。二十数年ぶりの徹夜であった。

　連載終了後、幾人かの友人や先輩に出版をすすめられた。しかし、読み返してみると、とても本にできるようなしろものではないと、その気になれず原稿や掲載新聞は封印してしまい込んだ。

一九九九年二月、ＰＴＡ会員を対象とした少年非行問題の講演をすることになり、その準備が必要になった。聞き手は生徒の親の皆さんであった。親たちが読んでくれることを期待して書いた「レキオ」紙の記事が参考になるだろうと思い再読した。

久しぶりに読んで、自分自身の文章でありながら非常に驚いた。それは、私たちの指摘が、七年を経た今も残念ながらまったく色あせていないことであった。少年非行を社会全体の問題として考えることの重要性は当時に比べて増してこそおれ、決して薄らいでいないことを痛感している。

拙い論稿ではあるが、一人でも多くの方に読んでもらうことは決して無意味ではないと、改めて考えている。

南　研作

グッと身近になる少年法の世界——本書を推薦する

日本福祉大学副学長　加藤幸雄

二十歳未満の者（未成年者＝少年）が非行を犯すと、少年法に基づき家庭裁判所において、処罰ではなく、将来犯罪とは無縁な社会人として成長できるように教育や福祉の援助が行われる。その少年法の「改正」がいままた新たな装いで登場し、国会審議に付されようとしている。それなのに多くの国民は、少年法の理念や運用実体を正確に知る機会が乏しい。

日常目に触れるのは、マスコミを通じて流される加工情報である。その情報は誤っていないとしても、加工された中身に振り回されてしまう危険性がある。例えば、凶悪化という言葉が紙面に登場するとしよう。「殺人事件は昨年比六〇％の増加」と書かれれば妙に納得してしまう。しかし、三年前と比べたら一〇％くらい低くなっており、戦後統計では、一番少ない時期における増減の問題であることがわかれば自ずと判断は変わってくる。

被害者感情は、加害者が厳罰に処せられれば報われるのか。加害者が謝罪や弁償を行うのは当然としても、被害者の心の傷を癒し立ち直りを支えるためには、現行少年法の原理の否定ではなく、別に独自のシステムを確立することが必要である。全てが加害者のみの責任という乱暴な議論は適切ではないはずなのに、「被害者感情」に踊らされる。

少年に甘い少年法という言葉が飛び交う。少しでも実状を知るものからすれば、それが全く当たっていないことはすぐにわかる。教育や福祉による立ち直りの援助のプロセスは甘やかしてできるものではない。

冤罪を防ぐという名目で、治安維持や処罰の専門家である検察官を、家庭裁判所という子どもの教育や福祉を考える現場に迎え入れようとする動きがある。冤罪は通常、捜査段階での人権的配慮が十分でないときに起こるものである。検察官を入れたら冤罪がなくなるどころかむしろ増える可能性があるのに、世間ではそれが見えてこない。

本書は、世間ではわかりにくい少年法の世界でなされている営みを、具体的な事例を通して紹介する。そこには懇切丁寧な解説があり、この本を読めば、少年法の世界がグッと身近になるはずである。

凶悪な事件が起こる。人はその残虐性や加害者の問題点に目が向きがちである。しかし、事件が凶悪であるほど、加害者の人権が守られていない現実が浮かび上がる。つまり、加害者は被害者にとっての加害者であっても、社会や発育環境における被害者である場合が少なくないのである。筆者は言う。「子どもたちの状況が『死者が出ても不思議ではない』危機的な状況にあることを認識しなければ、悲劇は繰り返されるのではないだろうか」。

筆者は、だからといって少年の責任を曖昧にはしない。筆者はまた、とりわけ暴力的体質を嫌う。暴力が暴力を生み、暴力的解決が広がることに警鐘を鳴らす。

子どもにとって家族は、それ自体キーワードであることを筆者は全編で伝えている。父親的切断と母親的受容のある「本当の家」を求めてやまない子どもたちに筆者は温かい。じっくり読み込んで、非行につまずいた少年たちへの筆者の温かいまなざしに共感する人が増えることを願ってやまない。いまは、そのことが最も期待されているときである。

最後に、筆者南　研作（上江洲紀夫）氏と私の関係について少し触れておく。私たちは若かりし頃、家庭裁判所調査官研修所で夢を語り合った仲間である。当時の情熱はいまも覚めていない。筆者は現職で、私は大学で非行臨床と司法福祉を専攻し、調査官や法務教官などの後継者を育てている。

まじめになるのはきつい！

－みんなで考えよう「非行少年・少女」たちのＳＯＳ－

「居場所」のない家庭

家出の原因をつくり続ける父

家出をくりかえす中学生。父親は小さな会社を経営していてワンマン社長でとおっている。その父は、社員や自分自身に徹底的に厳しくしている自分の態度が、良好な会社経営を維持している力であると確信している。父のこのような態度は、そのまま家庭でも貫かれている。子どもの家出は、母親が甘やかしていることが唯一の原因であることを疑わない。だから子どもの家出のために当人だけではなく、母もさんざん父に叱られる。

家出先から連れ戻されると子どもは父に正座させられて、何時間もの間「男」はどうあらねばならないか、ということについて教え諭される。父は、なぜおまえはそれくらいもわからないのか！　と声を荒げる。子どもはそれでも家出をやめない。

ある日、何度目か連れ戻された時に父はとうとう手をあげて子どもの顔を強く殴った。二度三度と殴った。

子どもは、その後は見つからないように遠い街で「家出生活」を送るようになる。

父は、「このままではいけない」と考えている。子どもの家出をやめさせるためには、昔の軍隊のような塾にでも入れて、徹底的に鍛える必要があると考え、周囲の人たちにもそのことをくりかえし言っている。いささかの疑問もない、確信に満ちた態度で主張している。

子どもの家出は、実は、このような父の態度そのものに大きな原因があるのだ。親の手を少しずつ離れて、独自に感じ、考え、自分の考えで行動するようになる時期に生活のあらゆることについて指図し、命令する父のいる家庭は何とも窮屈で息苦しい。外に逃げ出したくなる。

父はそのことに気付かない。

子どもたちに「居場所を」

人はだれしも自分を認め、自分を評価し、自分を必要とする人々の中に身を置きたいと思う。ごく自然の情である。

学業成績が悪く、自らの価値を見出せない学校生活や、自我の芽をつみとる暴君のごとき父のもとを逃げ出して、子どもたちが怠学・家出へと走ることは十分理解できることである。彼らがそこから万引き・恐喝行為へ流れつくこともまれではない。

周囲の大人たちが子どもをいづらくしているのである。もっと極端な言い方をするならば――子どもたちの「居場所」を奪っている状況があるといえよう。

だれが子どもたちの「居場所」を奪っているのか？　学業成績が価値評価の唯一の基準となる学校生活であろうし、期待どおりにならないということで叱り続ける父親であろう。あるいはまた、執拗にいじめを続ける級友であろうし、配慮を欠いた周囲の大人たちでもある。

さまざまなケースがあるが、子どもに対して決定的な役割を担っているのは、やはり、その親であろう。

親が、もう少し必要な配慮をすればこの子の問題行動は克服できると思われるケースは多い。

そのようなケースを中心に考えてみたい。

不可欠な「父性」と「母性」

代役可能な「父」と「母」

人間が「まともに」育つには父と母がどうしても必要である。ここでいう「父」や「母」は必ずしも生身の父親とか母親ということではない。父的な存在＝「父性」であり、母的な存在＝「母性」である。

父自身が「父性」を十分に機能することがベストであるが、「父性」は父親でなければ発揮できないというものではない。ほかの人、例えば叔父や兄がこの役割を果たすこともある。また母子家庭であっても、母が母であると同時に父的な役割をも果たすことは可能だし、そのような実例は多い。

一方、実生活上父親がいながら父が「父」たりえずに、子どもが後で述べるような「父不在」故の問題行動を惹起することもある。

「母性」についても、同じことが言える。

教育者としての「父性」やさしく受容する「母性」

「父性」「母性」とは何か。それは人間の発達過程においてどのような役割を果たすのか。説明には詳細・正確さを要するであろうが、ここでは非行ケースの理解を助ける手立てとして、とりあえず次のように簡単に確認しておくことにしよう。

父性＝教育者としての存在。子どもの行動の良否を判断し、評価すべきことは評価し、批判すべきことは厳しく批判する。子どもはこの「父」から事の善悪の判断基準や社会規範、あるいは価値基準といったことを取り入れて自らのものとして形成していく。そのことは、やがて訪れる自立の準備となる。

母性＝やさしく受容する。厳しく批判することなく、少々のわがままはおおらかに受け入れる。いつまでも手元においてかわいがり、子どもが病気になればいたく心を乱す。あらゆる危険から子どもを保護する。いわば盲目の愛であり、理屈ぬきに溺れることともいえよう。子どもにとっては、居心地が良く、いつもいっしょにいたいと思う。

人間は、このような「父母」の厳しさとやさしさの中で育つことにより、他人を信頼する、他人に迷惑をかけてはならない、自分がいやなことは他人にしてはならない——などという、「基本的信頼感」を養う。

深刻な「基本的信頼感」の欠如

家庭において十分な「父性」「母性」が発揮されないことが原因となって、窃盗・家出・恐喝などといった非行を惹起することがある。中でも人生の出発点といえる乳幼児期に十分な愛情を受けずに育ったケースは深刻である。

初めての非行が何歳のころであったのか自分自身にも思い出せない少年がいる。物心ついたころ、すでに店頭から食べ物を「調達」していた。万引きが日常的な行為となっていた。十五歳に過ぎない彼の窃盗歴は十年を超える。彼はごく幼少のころから親にさえも「大切な存在」として扱われた経験を持たない。母のぬくもりをまったく知らない。このような状況で成育した彼は、「他人が困ることはやってはいけない」「他人に迷惑をかけてはいけない」という、通常、人が幼児期に親との接触によって自らに取り入れる、他人を思いやる感情・気持ち・態度を身につけることができなかった。このような状況を「基本的信頼感の欠如」という。

人生の出発点において身につけるべき基本的な態度を学ばせてもらえなかったものであり、それだけにこのような少年の非行克服は困難を極める。克服のためには人生を初めからやりなおすほどの時間と根気が必要である。幼児期の「父」、「母」の役割を果たしうる人物との出会いも欠かせない。

「父」を待つ娘

「やめろ」と言われて非行をやめた少女

ユング派の臨床心理学者である河合隼雄氏が、ある著書で次のようなケースを紹介している。

多くの男性と気軽にセックスを続ける女子高校生。そんなことはやめろ、というとなにかと理屈をつけてつっかかってくる。ともかく、やめろ！　と一喝した。大人もやっているではないか、というので「大人がやっていても子どもはやってはいけないことがあるんだ！」と。理屈もなにもあったものではない。断固として禁止したら、その女子高校生のセックス行為はすっかりおさまった。

偶然同じ時期に、ある女性評論家がこれとそっくりのケースを紹介しているのを読んだ。理屈っぽく「反論」する少女に、彼女は、美感の問題だ！　と指摘したという。「あなたたちのやっているセックスは汚い！」と断じた。するとこの少女もまた安易なセックスをやめたという。

そうか、理屈ぬきに、ただ叱りとばせば直ることもあるのか、と私はそのとき思った。ところが河合氏は、その後別の著書で、実はあのケースにはきちんとした理屈があるのだ、と解説を加えている。

少女には父がいなかった。少女がこうなるまで、彼女を真剣に叱る者がいなかった。母は、はれものにでも触るように、ただオロオロするばかりであった。少女は毅然として自分を叱り、断固として非行を禁止する大人を求めていた。少女は「父」を求めていた。「父」が現れた。少女は問題行動を改めた。

河合氏や女性評論家氏は、少女が「父」を必要としていることをきちんと見立てていたので「一喝」することができたし「断じる」ことができたのである。そして、それは効果を発揮した。この見立てがなく、ただ叱る側の怒りをぶつけるだけの「叱り」であったり、いつもくりかえしている「説教」の続きであったならば、期待どおりの結果は得られなかっただろう。

相手が納得する「叱《しか》り」を

さまざまな「教育論」が語られている。

体罰も含めた、徹底的な厳しさの中で鍛えあげなければ人間は育たない、昔は軍隊の中でそのような教育ができた、と主張する者がいるかと思えば、逆に、人間は絶対に叱ってはだめだ、相手のすべてを受容して、やさしい態度で接するようにしなければならないとする意見もある。暴力的な行為は論外だが、厳しさとやさしさは「父性」と「母性」の発揮として、両方とも欠かすことのできない重要な態度であろう。

非行に走る子どもたちは、ずっと叱られ続けている。「叱り」については極めて敏感である。彼らは大人の「叱り」がどのような「叱り」であるのか感じとる能力に長けている。

先の女子高校生は、叱った大人が、ただ自らの感情をぶつけているだけではないこと、他の多くの大人たちと同じような「お説教」をしているのではないことを感じとったのである。明確に自覚していたわけではないだろうが、心の中で求め続けていた「叱り」に出会って納得し、行動を改めたのである。厳しく叱ることは必要である。しかし、それは相手が納得するような叱りでなくてはならない。

少年の気付き『向こう側からこちらを見る』

しょげかえった「不良少年」たち

ずいぶん以前のことになるのだが、映画監督の羽仁進氏が、私たち少年事件に携わる者にとって非常に興味深い短文を書いていた。

氏が、確か『不良少年』という題の映画を作ったさいに、実際に喧嘩なんかをくりかえしていた「不良少年」たちを出演させ、いくつか暴行シーンを撮影した。本物の「不良少年」たちは、どんな名優よりも迫力のある「演技」を展開した。映画が完成したときに羽仁監督は真っ先に彼らを試写会に招いた。めかしこんできた少年たちは、いずれも得意満面であった。いっぱしの映画俳優になった気持ちで、嬉々として試写会に臨んだ。

ところが映画が終わって、会場を出てくる少年らはみな一様に首をうなだれ、しょげかえっていた。

映画では、彼らがさんざん殴り、蹴って、うす汚れた雑巾のように地べたに這いつくばっている被害者の姿がアップで映されていた。顔をゆがめる被害者の表情がスローで映し出される度に、少年たちもまた顔をしかめてこれを「鑑賞」した。

スクリーンには少年たちの勇姿はなく、被害者の苦痛が大きく映し出されていたのである。少年たちは、今や被害者の側から、自らの暴行行為をいやというほど見せつけられたのである。彼らはそれまで、そのような体験をしたことがなかった。勝利者であり続けた彼らにとって、暴力行為は常にかっこいいものであった。

被害者がみえない

被害者の側から自分の非行をみる——このことが少年たちにはなかなかできない。

窃盗することはなぜ悪いのか、との質問に多くの少年らは「警察に捕まるから」「裁判所に呼び出しされるから」などと自分自身の負担について述べる。ときに「親兄弟に迷惑をかけるから」と、「他人」のことについて思いが及ぶようなことを言うこともある。しかし、この場合もまだ少年の側の人間の負担を考えた「こたえ」である。被害者の窮状に思いをはせる「こたえ」がかえってこない。彼らはいつもこちら側からみている。被害者の側から自らの行為を考える＝向こう側からこちらをみるということができない。

被害（者）をみることができたときに、そのことは非行克服の大きな力となる。

向こう側からこちらをみることができるようになったE君

オートバイを窃取したE君は家裁の審判の後、鳶職見習いとして稼働するようになった。雇用主の指導が良かった。当初から皆出勤の状況が続いた。そのために給料もすこぶる良かった。初給料は思いがけないほど高額であった。E君はこれだけの金を手にしたのは、初めてであった。自由に使用できる多額の金を手にした彼だが、その中から、まず母へ送金した。E君は窃取したオートバイの所有者から、少なからぬ額の損害賠償を請求されていた。E君は雇用主の指導に従って、母へ送金した残りの金の中から九万円をその支払いにあてた。

E君はその後もさぼることなく働き続けた。

E君は三ヵ月で、損害を完全に賠償した。「高給取り」の彼にとっても痛い出費であった。痛い思いをすることによってE君はオートバイを盗まれた被害者の痛みも共感できるようになった。E君は被害者の側から自らの窃盗をみることができたのである。

向こう側からこちらをみることができたE君は、もう窃盗行為に及ぶことはないだろう。

「納得した」F君

半端なかっこう

F君。中学三年生。長欠を続けていたが、恐喝で警察に補導される。そのことがきっかけとなって登校するようになった。

しかしF君は、まだ少し伸ばした髪と、ほんのわずかばかり襟を長くした学生服を着て登校している。つっぱっていたころと比べると、はるかにまともなかっこうだが、他の級友たちとはやはりちょっと違う。半端な姿だ。

母が口やかましく叱っても、父が怒鳴りつけても、F君はどうしても改めようとしない。なぜF君は半端な姿を選ぶのか――叱りつけるだけでは、F君は一歩も前進できない。F君の「心の動き」につきあうことがどうしても必要であろう。

父母不在

F君との「つきあい」は、徹底した話し合いであった。緊張してこちらの話を聞いてばかりいたF君がぽつりぽつりと自分の意見を述べるようになった。F君の発言を、一言も無視しないように心がけた。面接を重ねる毎に、F君の口数は多くなり、父母や学校に対する不満を口にするようになった。単純な反論や、安易な同意の態度にならないように努めながら多くのことを語り合った。

F君は今では周囲への不満だけでなく学校が楽しいということも照れくさそうに話す。「先生や級友たちが話しかけてくる」と、普通の中学生にとってはごくあたりまえのことを、大げさに話す。F君の話は将来自動車修理工場を持ちたいという「夢」にまで及ぶ。

F君は面接終了後「僕は言いたいことを、きっぱり言ってやった！」と誇らしげに母に話した。F君の父も母も、F君が「非行少年」であることを家族中の恥だと、くりかえし口にしていた。父は役立たずの息子をなじる一方、このような非行少年になってしまったのは学校のやり方にも問題がある——と、「堂々とした態度」で批判した。

F君は家では、大学在学中の兄や大学進学のために勉強に精を出している姉といつも比較された。F君は家庭でも、学校でも、叱られてばかりいた。F君は自分で言いたいことを言う、大人ときちんと話し合うという経験が、ほとんどなかった。F君の言い分を十分に聞いて、彼の思いを受けとめてくれる相手がいないということでは「母不在」の状況といえるし、F君の現状に即した適切な指導・助言をなす者がいないということでは「父不在」ともいえる。

両親とも健在で、兄姉は優秀、家計も余裕のある家庭で、F君は「父母不在」ともいえる状況にあったのである。

「非行文化」に決別

卒業が近づいた。F君は最近、教室で自分のかっこうが〝ヘンナー（奇妙）〟であることを感じつつあった。ある日面接の途中でF君を多くの職員のいる大部屋へ連れて行き、「皆さん、この髪と上着をどう思いますか」と、みんなに尋ねた。ある者は「おかしいよ」と述べた。他の者は、「おかしいというほどではないな」と述べた。

きまり悪そうなF君と面接室へ戻って、服装とか髪の形などはいろいろな見方があり、みんな同じ意見ではないということを指摘した。かつてのF君の仲間たちならば、もっと髪を伸ばしてそり込みを入れ、学生服の襟も、もっと伸ばしているのを「かっこいい」と言っただろう。今、F君がそのようなかっこうをしていたならばさっきは、みんなに「おかしいぞ」と言われただろうというような話をした。

F君は面接の翌日頭を丸め、普通の学生服を着て登校した。F君は納得して、自分の意思で「非行文化」に決別したのであった。彼は教室に自分の居場所を見つけた。先生や級友たちの援助も大きかった。

歩いた跡をみよう

「俺はもう非行少年ではない！」

問題行動をくりかえす子どもたちとの「つきあいかた」といったようなことについて触れておきたい。

F君。彼は親の性急な態度のために、なかなか「非行文化」に決別できない状況が続いた。全く登校せずに長期欠席を続けてきた彼が、下級生相手の金銭せびり＝恐喝で警察に補導された後は、「ちゃんとしなければ少年院に入れられる」という不安もあって学校へ行くようになった。そのことについては父も母も大きく評価していた。しかし、両親はまだ満足できなかった。F君は今も頭髪は「番長がり」の名残があり学生服の裾も伸ばしていた。これも服装違反。親は、いくら言ってもこの点だけは聞き入れようとしないので、厳しく言って守らせてくれと注文をつけてきた。

当のF君は面接のなかで、次のように主張していた。

「自分は学校へ行くようになった。授業や試験も受けるようになっている。非常に真面目になった。それでも、父や母は髪が長い、裾が長いと文句を言っている。まだ自分を非行少年とみている」

成果を大事にして次に進もう

同じく不登校のG子の場合。

「G子は学校に行こうとしないのですが」――母親からの電話である。きつい調子である。こちらが叱られているような気がする。そうですか、本人はがんばると話していたんですがねー。先週面接したときに「先週は二回登校した」というので、それでは今週はぜひ三回は行くようにしよう、と目標をたてたのですが、と説明する。電話の声はさらに非難の調子を強めて「一週間に三回登校すればいいと指導しているのですか！」と言う。

全く登校しなかった子どもが少しでも登校するようになれば、そのことを大きく評価して次を目指すことが重要である。

F君の場合でも、校則違反を指摘するよりも、学校に行くようになったプラス面を評価することが、大切だろう。

段階は一段ずつ上らなければ最上段には行きつかない。一挙に最上段に上がることを要求しても、子どもが期待にこたえることはほとんど不可能である。一段でもよいから子どもの歩いた跡をみて、きちんとそのことを評価する。

どれだけ歩けたか——このことをいつも当人と確認していく。彼らとのつきあいは、歩み始めた乳幼児とのつきあいに等しく、日々の成果を大事にして次に進む態度が必要である。遠回りのようでも、このことが結局は子どもを最上段に到着せしめることになる。

通じ合えるために

小児心身症（診断や治療に心理的因子についての配慮が、特に重要な意味をもつ病態＝弘文堂刊『精神科ポケット辞典』）の治療で名高いO医師は次のように述べている。

ほとんどの親は子どもを愛している。しかし、その思いが子どもに通じないために子どもが心身症を患うことがある。医師はそのような親子間の「通訳」である。

「非行」についても同じことが言えよう。本稿でとりあげた親たちもそれぞれ子どもに対して深い愛情を抱いている。しかし、そのことが子どもに通じないのだ。通じ合えるためには、方法を変えねばならない。今までのようなやり方ではだめなのだから、通じるようなやり方を別に考えねばならない。

家裁の「審判不開始・不処分」決定

通常、人が犯罪行為を犯すと、警察の捜査を受け、検察官を通じて地方裁判所等へ公訴が提起される。裁判所は審理のうえ有罪・無罪を判断し、有罪の場合は刑法の基本的な定めに基づいて量刑（刑罰の程度）を決定する。

十四歳以上二十歳未満の者が犯罪を犯すか、犯罪を犯すおそれのある行為をした場合、警察から検察官を経て（あるいは直接）家庭裁判所に事件として送られる。

十四歳未満については、刑事責任を問えないということで、福祉機関である児童相談所に通告される。児童相談所がその必要ありと判断した場合は十四才未満でも児童相談所から家裁へ送致される。前述のように、成人の犯罪行為については刑罰が科されるが、少年＝未成年者（二十歳未満）については家庭裁判所で少年法によって審判が実施される。

少年法には「刑罰」という考え方はない。

少年法は、冒頭の第一条でその目的を次のように定めている。

「この法律は、少年の健全な育成を期し、非行のある少年に対して性格の矯正及び環境の調整に関する保護処分を行うとともに、少年及び少年の福祉を害する成人の刑事事件について特別の措置を講ずることを目的とする」

少年法は、少年については刑罰を軽くするということを定めているのではない。非行克服＝健全育成をめざして必要な保護処分を行う――としているのである。少年の審判は、刑罰の如何を決定するのではなく、保護のための適正処遇を決めるのである。少年法について考える場合、この基本をふまえることが不可欠である。

保護処分

家庭裁判所では調査・審判のうえ保護処分を決定する。保護処分には①少年院送致　②児童自立支援施設・養護施設送致　③保護観察の三つがある。（少年法第二四条一項）

大人と同じように地方裁判所で刑事事件として扱うのが相当と判断された場合は検察官送致となる。（同第二〇条）

児童福祉法の措置に委ねることが相当と認められる場合は、児童相談所長等へ送致される。（同第一八条）

以上の措置の他に、家裁の決定には審判不開始決定（同第一九条一項）と不処分決定（同第二三条二項）がある。

審判不開始決定は裁判官の審判もないままに、例えば家裁調査官による面接調査だけで事件を終了する決定である。不処分は裁判官による審判を実施したうえで特に処分をしない旨決定するものである。

ところで、これらの決定はそれぞれどのような比率となっているのだろうか。この実情が少年非行・少年法問題を考えるうえで重要な示唆を与えることになる。

六〇％余を占める不処分・不開始

平成二年度に全国の家庭裁判所で受理した少年保護事件は四九一五八八件である。その中で審判不開始決定となったものが一六五三九二件で、不処分決定に付されたものは一五二二八〇件である。（最高裁判所事務総局発行『司法統計年報』平成二年少年編）

この二つの決定が全事件数に占める割合は六四・六二％となっている。

家庭裁判所に送致された少年事件中約六五％が特に処分の必要のない事件ということである。

つまり家庭裁判所調査官の面接や、裁判官の説諭・教示等で非行を克服できるケースが圧倒的に多いということである。

さらに、在宅処遇である保護観察決定は七四三四一件であり（同）、これは全体の一五・一二％となる。右の審判不開始決定、不処分決定を加えると七九・七四％である。

刑罰主義か保護優先か

約八割の少年が施設に収容されずに非行克服に努めることになる。この中のごく一部は再犯を犯して二度目三度目の家裁送致となるかもしれないが、ほとんどの少年は健全な生活を取り戻すことになる。

少年院送致決定は四三三二件で（同）、全体の〇・八七％である。

「厳罰派」は、百分の一にもはるかに及ばない、ごくまれな事例を口実に少年非行についての保護優先を攻撃し、「厳しい処罰」が必要と主張する。

少年非行について刑罰主義をとるか、それとも保護主義をとるかという立場の違いは、処分を「甘く」するのか、それとも「厳しく」するのかというような、量的な相違を意味するものではない。

（犯罪）行為に対する処罰として処分を考えるのか、それとも非行克服のためにどのような教育・指導が必要かという視点で判断するか――という、本質的な意見の相違といえよう。具体的な事例を通して考えるならば、理解は容易である。次回で考えてみたい。

刑罰か　保護か

少年非行に対する処分のあり方について、刑罰主義か保護主義かが問題となる――と、先回指摘した。今回はそのことを具体的な事例を通して検討しよう。かなり長くなるが、文献から事例を引用する。

刑罰主義の立場

ススムは、中学三年の暮れから正月にかけて四回にわたって三人の友だちといっしょにオートバイを盗み、無免許で乗り回して遊びました。このことがあとになって警察に知られ、梅雨前に警察署の少年係によびだされ、窃盗事件として取り調べを受けました。

警察からススムの事件送致を受けた検察官は、必要な手続きをとりおえてから、この事件を家庭裁判所に送致しました。そのさいススムの処遇に関する検察官の意見その他参考事項として、およそ次のようなことを書いてきています。

「保護観察処分相当、非行歴三回、素行極めて不良、家庭の監護不十分、犯状悪質、窃癖を認む、不良交友を認む、環境調整の要有り、性格矯正の要有り」

（この意見では）まず、四回目に検挙された非行であり、次に冬休みの期間とほとんど重なるかたちで四回反復され無免許運転をともなっていることをあわせると素行極めて不良、家庭の観護能力不十分、犯状悪質、窃癖を認む、としています。さらに、友達三人と乗り回して遊んだということから、不良交友を認むとしています。

このように、非行の内容だけから直接導き出された問題に対処する処遇として、ススムの環境を調整し性格を矯正する必要があり、そのためには保護観察処分が相当であると主張していますから、この意見は刑罰主義の立場でススムの処遇を考えているといえます。

（『非行克服と専門機関』——全国司法福祉研究会・民衆社）

保護主義の立場

事件を送致した検察官の処遇意見が刑罰主義的であることを指摘した同書は、事件を受けた家庭裁判所がどのような決定をなしたかについて、続けて次のように述べている。

ススムの担当調査官の意見の結論は、家庭裁判所はこの事件については審判を開かなくてもよいのではなかろうかというものです。その理由としては、次のことが列記されています。

「前の三回の非行歴については、ススムが中学三年のときの初冬から卒業前後にわたるもので、これらをあわせて審判が開かれており、すでに処分をしないという決定がススムに言い渡された。今回の非行はその前に発生し、期間的にも共犯関係においても重複がみられる。そして、今回の非行については、反復して盗んだオートバイ四台をつらねて無免許で街なかを走り回るところまでいったが、被害は一台を除き回復され、その後は悪友との交際を断ち、ガソリンスタンドに勤め、夏以後は真面目に働いている。そのためには父とも相談して勤務先で用意した宿舎に入っている。家庭では、祖母が主婦役を果たし、少年の世話もしてきた。その後、あらたな非行は送致されておらず、ススムの反省が良好であることは現状からも裏付けられており、保護者の観護力もある」

今回のススムの事件は、結果的には家庭裁判所調査官の意見がとりあげられたかたちで終結し、ススムに対する審判は開かれず、ススムは保護観察処分を受けずにすみました。（同）

これは非行の内容だけから直接導き出された処遇意見ではなく、現在の要保護性（保護を必要としているかどうか）も検討したうえの保護主義の立場による判断といえよう。

子どもの価値

わたしたちが親として、教師として、あるいは一般の大人として子どもたちの非行克服を援助するさいに基本的な態度をふまえることが不可決である。そのいくつかについて述べておきたい。

「絶対的価値」を認める

まず最初に確認したいことは、私たちが子どもをみる場合、どの子も、その子なりの絶対的な価値があることを認めなければならないということである。学業の優秀な子もそうでない子も、そして「品行方正」な子も非行に及ぶ子も。

このことについて、ここで少し詳しく考えてみたい。

この主張は、だれもが「そうだそのとおりだ！」と同意する、ごく常識的なことに思われる。しかし、実際に「事」に直面した場合、私たちはこの「常識」を実行できないことが少なくない。

家出、万引きをくりかえし、時折学校に来るかと思えば級友を怠学に誘う生徒を、教師が「この子さえクラスにいなければ――」と考えることがないだろうか。

学業成績がおもわしくなく、高校合格さえもあぶない我が子を、「こいつだけは出来が悪い！」と嘆く親は少なくないだろう。

兄や姉たちと比較して「こいつはだめだ」と考えるようなことをしないこと。級友への悪影響を気にして「この子がクラスにいなければ――」と考えるのをやめること。「非行少年は隔離しろ」と主張しないこと――他との比較ではなく、その子の絶対的な価値を認めるということは実践的にはこのようなことをいうのである。実践のともなわない「主張」では、意味がない。子どもたちと接するさいに、一人ひとりの絶対的価値を認めて、その子にとって今何が必要かを考え、実践するのでなければ、大人の援助は意味を持ちえない。

「ほんね」と「たてまえ」

A氏は労働組合の熱心な「活動家」である。三十年余りにわたってみんなの先頭に立って活動し、さまざまな課題・要求を前進させてきた。氏は教育問題についても強い関心を寄せて、いろいろなとりくみに参加してきた。偏差値一辺倒、テスト成績最優先、学習塾花盛りの今の教育状況を仲間たちといっしょに批判してきた。子どもの「学力」がペーパーテストの結果だけで測れるものではないということを一貫して主張してきた。

A氏は今日も中央の著名な教育学者の講演を聞いて、いたく感激して帰宅したところである。講師は試験の点数のみで子どもたちを評価している今日の教育状況を痛烈に批判していた。子どもは偏差値というものさしだけで測れるような単純な存在ではない、それぞれが豊かな個性をもった絶対的な存在である。子どもたちはさまざまな可能性を有しており、それを発見し育てることが重要である。——と強調する師の話に、あらためて共感した。

いい話だったと、くりかえし妻に「報告」したA氏だが、彼はその晩中学生である息子を強く叱責していた。「一流」大学にストレートで合格した兄たちと違って高校合格も危うい状況にあるこの三男のことがA氏の悩みの種であった。なぜ俺の子が！　と歯ぎしりする思いであった。氏は、ついつい「このままでは三流どころの高校しか入れないぞ！」「兄さんたちも恥ずかしい思いをすることになるぞ！」と説教を続けていたのである。

高すぎる大人の目の位置

いずれも「ほんね」

一般的な問題として今日の学歴偏重主義の状況を批判する父や母も、わが子のこととなると「一流校」に入学させようと必死になる。「偏差値教育反対論」を主張し続ける者が自らの子どもは私立の受験校に通わせているという例も時に耳にする。

教育学者の大槻健氏は、このような状況について、ほんねとたてまえというような単純な見方で片付けられない問題を含んでいる、二つともほんねであると次のように述べている。

今日の日本の父母の多くは、……一方で子どもを『のびのび育てたい』と思いながら、他方で、しかしそんなことで子どもは現実の荒波をのりこえることができるだろうか、やはり『学力』をつけ、有名校への進学をめざさなければという思いがあって、そんな矛盾に苦しんでいます。

（新日本新書『子どもの見える教育』）

重要な指摘であるが、ここではあまり論点を広げずに、子どもたちの非行克服を援助するのに必要な視点で考えてみたい。

子どもの目の高さでみる

問題行動を起こす子どもの何がいけないのか、私たちはよく知っている。だから、その子がどうしなければならないのかということも明確だ。そうであるがゆえに私たちは、このような子どもと接するさいに、性急に、どうすべきかという「こたえ」を教示することになる。安易な「説教」で子どもが非行を克服できるならば話は簡単だ。

大人が、問題行動をくりかえす子どもの問題点を容易に見通すことのできる自分の立っている地点から彼（彼女）をみて、「それじゃだめじゃないか！」「きちんとやれ！」と号令をかけても、それだけでは彼（彼女）は一歩も前進できない。彼（彼女）の目の高さでものをみて、今の彼（彼女）にとって意味をもつ援助をなすことが必要だ。

またまた「ショッキングな」事件が起こった。女子中学生が警察官をナイフで刺した。

石垣市の路上で、女子中学生が警察官を包丁で刺し、全治一週間の傷を負わせた。そのことについて新聞は以下のように報じている。

同署の調べによると、窃盗などで取り調べを受けたこともあるB子容疑者は、日ごろの行動などについて同校教師と伯父から注意を受けていたが、興奮状態になり、自宅の包丁を持ち出した。通報で与那嶺巡査らが駆け付け「どうしたのか」と質問すると、右手に持っていた刃渡り十一・五センチの料理用包丁で、同巡査の左胸部を刺した。

（九二年九月九日「琉球新報」夕刊）

……伯父に髪の毛の色などで厳しく注意されたところ、カッとなって泣き出し、興奮状態で「真面目になるのはもうきつい」と叫んで、調理場から刃体十一・五センチの料理包丁を持ち出した。

（九二年九月十日「八重山毎日新聞」）

……校長は「……生徒指導や伯父さんの厳しい指導でやっと生活態度が良くなりかけていたのに残念だ」と話していた。

（右　同）

……現場に居合わせた生徒指導の教諭は「夏休み前から学校にも打ち解けてきてこれからだった。徹底指導が裏目に出たのか」と残念な表情。（右　同）

事件の詳細については知りようがない。しかし、以上の新聞報道だけからでもわれわれ大人の側の極めて重大な問題が浮かび上がる。

大切な「一歩前進」の評価

「真面目になるのはきつい！」

警察官を刺した中学生は「真面目になるのはきつい！」と叫んだという。彼女が「真面目」になるために懸命に努力しなかったならば、このようなことは口にすまい。彼女は「真面目」になろうと、自分でできる最大の努力をしたからこそ、それが「きつい」ものだということを感じたのである。この彼女の努力を大人が必要な評価を加えつつ、注意深く激励するならば彼女はそのきつさを乗り越えて文字通り問題行動を克服することができたであろう。彼女がそれをなしえなかったのは、周囲の大人の態度に大きな問題がある。先の新聞報道は、それを明確に示している。

報道によると彼女の生活態度は良くなりかけていたという。直接彼女の指導にあたっていた生徒指導の教師は「徹底指導が裏目に出たのか」（傍点筆者）と残念がっている。

これらの情報をつなぎあわせると次のような状況が浮かび上がる。

「非行少女」であった彼女は、いろいろな問題行動があったが、決意して「真面目」になろうと努力した。その結果、生活態度も良くなったし、学校へも行くようになった。しかし、先生や伯父さんは彼女のその努力を評価して励ますことをせず、逆に足りないところを、あれもいけないこれも直せと叱りつづける。大人は、彼女がいくら努力しても、まだだ、まだだとせきたてる。いつまでたってもムチをあてられ、その先を要求される。こんなきついことはない。彼女は「真面目になるのはきつい！」と叫ぶことになる。

少女の絶望

この状況描写が単なるあてずっぽうでないことはその後の継続報道をみると明らかだ。事件のあった翌日、新聞は次のように報じている。

事件当夜、生徒指導教諭が自宅を訪れた。立ち直りつつあった一年生に対し、同容疑者（この少女のこと——筆者）がグループに再び誘おうとしたかどうかを確認するためで、同容疑者は否認。その後伯父が訪れて、まだ赤く残っていた髪について問い詰めた。

（九月十日「琉球新報」朝刊）

少女は「真面目」になろうと懸命に努力した。そして、それは校長も認めるような成果となってあらわれた。その彼女に対して学校の先生は、最近立ち直りつつある下級生を、また非行グループに誘おうとしているのが彼女ではないのか、と、夜間、自宅を訪ねて問いただしている。がんばっている彼女を激励するのではなく、「おまえがあの一年生を（非行）グループに誘っているのではないのか」と、いわば尋問しているのである。それだけではない。たてつづけに伯父が現れて、髪を染めていた跡が残っていることを問い詰める。「跡が残っている」ということは少女が髪を染めるのをやめたということである。伯父もまたその努力を評価せずに、少女の髪にまだ以前に染めた痕跡が残っていることを非難している。

自分の努力が全く認められず、「永遠に」足りなさを追及されることに絶望した彼女がパニックを起こして刃物を持ち出したとしても、われわれ大人はそれを「異常行動」と非難し、彼女にだけ反省を求めることでよしとしていいのだろうか。

われわれ大人が彼女の目の高さで見、今の彼女の心で感じ、彼女の前進を跡追うよう努力しないならば、非行克服を援助することはできない。

機械とは違う子どもたち

いっしょに歩こう

子どもが非行を克服しようと努力を始めたときに、われわれ大人は彼（彼女）とどのようなつきあいをしなければならないのか。

重罪を犯した少年に対して、これを裁く裁判官が「未成年者に対して野獣と評価するなら、なぜそうなったのかの発達的説明を必要とする。そのことをぬきに未完成な少年を責めるのは、訓練の有無の問題として長年ピアノを習っていたものが、よってたかってピアノを弾けない子どもをいじめるに等しい行為である」と、ある研究者は指摘している。

同じ論法でいくならば、警察官を刺した女子中学生の周囲の大人たちは、彼女がやっとバイエルを始めたばかりなのに、「おまえは、ショパンも弾けないのか！」と、よってたかって非難し、攻撃しているようなものである。

先に「（非行克服の努力を始めた）少年らとのつきあいは、歩み始めた幼児とのつきあいに等しく、日々の成果を大事にして次に進む態度が必要である」と述べた。このような子どもたちとは、いっしょに歩む心がけが必要だ。幼児は手をつないで、共に歩くのでなくては援助にならない。

「修理」でなく援助を

テレビや時計の修理は必要な手を加えたり、部品を取り替える。その間、テレビ・時計自体は何らの反応もしない。その修理が故障の原因を取り除く正しいものであるならば、また以前の機能を取り戻す。

わたしたちが子どもの非行克服を援助する場合、このような機械の修理のように事を運ぶわけにはいかない。子どもたちは機械と違って、彼ら自身も感情をもった人間であり、常に感じ、考え不断に自己を再構成している。テレビや時計を修理するようにこちらの一方的な行為ですむものではない。非行を克服し、健全な生活を取り戻すのは、あくまでも子ども自身である。わたしたちは彼が自ら非行を克服するのをただ援助できるだけである。大人は、彼らの心には今周囲の世界がどのように映っているのかということを常に考えなければならない。こちらの目の高さから彼らをみるならば、いつまでも彼らの足りなさばかりが気になろう。自分も含めた周囲の世界を、彼らがどうみているのか、彼らにはどのようにみえているのか――彼らの目の高さでみるよう努めることが必要だ。

個別的存在の子どもたち

「幸せな人はみな一様に幸せだが、不幸な人はそれぞれに不幸である」という言葉で始まる有名な大河小説がある。非行克服の援助が時計の修理とは違うことを同様の表現で述べるとするならば、さしずめ次のような言い方になろう。

時計はみな一様に時計であるが「非行少年」はそれぞれに「非行少年」である。

時計と違って、子どもたち（というよりも人間）にはそれぞれの感情があり、思い・悩みがあるということは、それぞれが個別の存在であることを意味する。

個別の存在である子どもへの援助は同じやりかたではなく、やはり、それぞれに応じた個別の態度・方法が必要とされるだろう。どの子に対してもただ叱りつける一方であったり、逆に、やたらとやさしいだけであるならば、わたしたちは子どもを時計扱いしていることになる。

がんばる教師たち

三味線名人

C氏。筆者の知人である。定年を控えたベテランの中学教師である。

氏が担当しているクラスのD君は長期欠席で学校に姿をみせない。三年生。いわゆる「不登校児童」である。学校では新学期早々に家庭訪問が実施される。C氏はまだD君の顔をみたことがない。同君が長欠状態であることについては二学年のときの担任から詳しい報告を受けている。

C氏が電話連絡の上D君の家を訪ねたら、本人はきちんと待機していた。父が同席している。D君の母は夫や子どもたちを置いたまま家を出て、今は音信不通となっている。

C氏が、案内された部屋で、出されたお茶をすすりながら最近の生活状況をいろいろ尋ねてもD君はなかなか答えようとしない。C氏が学校のことを話してもD君はうわのそらで聞いている。

C氏が部屋を見廻すと、壁に三味線が掛けられている。「お父さん三味線やるんですか？」と尋ねると、父は恐縮したようにうなずいている。もう一丁はだれの三味線か、と問うと意外とD

君のものだという。「そうか、君も三味線をやるのか」とC氏は感嘆した様子で言うと、今度はD君も嬉しそうに笑顔でうなずいている。

C氏はD君に何か演奏してくれるよう頼んだ。D君は恥ずかしそうにしながら、それでも壁から三味線を取ると、ゆっくりと弾き始めた。熟達した演奏ではなかったが、それでも中学生としてはなかなかのものであった。C氏はアンコールをした。D君はこれにこたえて二曲目を弾いた。C氏は、今度は父子で合奏してほしいと願い出た。父も快く承諾してD君といっしょに三味線を弾き、そして歌った。

D君父子はそれからC氏のリクエストにこたえて、ふたりで数曲も演奏した。D君の家庭訪問は期せずして賑やかな演奏会となった。C氏は、もう学校の話もしなかったし、D君の生活点検もしなかった。もう一曲もう一曲とアンコールをくりかえすだけであった。

演奏が終わるとC氏はふたりに礼を言い、D君宅を辞した。帰り際にC氏はD君の肩をたたいて、ひとこと「学校来いよな」と話しかけた。

翌日D君は久しぶりに学校に出てきた。D君が出てきたその日にC氏はさっそく数学と英語の教師に強く言われた。「Dはアルファベットも覚えていない!」「掛け算九九もできない!」。ふたりの教師はそれぞれ「授業にならない」と嘆いていた。

卒業を迎えたとき、C氏はクラス全員の前でD君に三味線を演奏させた。弾き終わったD君に級友たちの万雷の拍手が送られた。C氏の適切な「つきあい」によって、「野生化」しつつあったD君は「光の領域」に浮上した。

教育実践と教育行政

筆者はこの連載で、評論家芹沢俊介氏の講演録にのっかったかたちで学校や、教師を批判した。教師批判は、この連載で幾度か顔を出している。教師を批判するさいに、筆者は幾分うしろめたさを覚える。それは、C氏のような、子どもを「闇の領域」に追いやるまいと努力している多くの教師がいることをよく承知しているからである。筆者の知人だけでなく、例えば本紙（「レキオ」紙）の、この同じページで毎回すばらしい教師が紹介されている。教師の姿勢が、信念や態度が、どれだけ生徒の人生に決定的な影響を及ぼすか多くの経験者が具体的に紹介されていて感動を覚える。本紙のもう一つの企画でも、子どもたちの感性を大事に育てる教育実践が次々と報告されていて思わずうなってしまう。

親の目

見張るのではなく見つめよう

「問題行動を起こした子どもたちの親を呼んで、いろいろ話し合っていると、『二十四時間ついて回るわけにいかない』と開き直ったようなことを言う者がいる」

――中学の教師をしている友人が困ったように話したことがあった。よく聞くセリフである。中学生にもなった子どもの行動を一日中見張っていることなどできようがない。その親の言うとおりである。親は子どもを見張ることはできない。しかし、見つめることはできる。

瞼《まぶた》に浮かんだ父母の顔

筆者の親しい友人であるE氏は中学時代に一時非行に走った。「仲間」たちと一緒に髪にそりこみを入れ、ダブダブの学生服を着て校内をかっぽしていた。毎日のように下級生に命じて金銭せびりをやらせ、集まった豊富な「資金」で遊興・飲酒を重ねていた。恐喝行為の「なわばり」

は校内から街頭に広がった。そのうちに暴力団の「事務所」に出入りするようになった。他の生徒たちは彼らを恐がった。

卒業が近づいた。「仲間」の何人かが暴力団に入ることを誘った。E氏は、その気になりかけた――と述懐する。当時は、それしかないと思ったし、組の「兄貴」たちが輝いて見えたという。しかし、彼はこの誘いを断った。「決断」できずに逡巡しているときに、E氏は父母の顔がちらついたという。彼はそれまで幾度父に殴りつけられたかわからない。母もあれこれと文句を言うことが多かった。こんな両親はいない方がいい！　と吐き捨てるように口にしたこともあった。だが、やりかえせば勝てそうな父に、なぜか彼は腕力で対抗するようなことだけはしなかった。その父や母の悲しそうな顔が瞼《まぶた》に浮かんだという。自分がほんもののヤクザになったら、父や母はどんなに嘆くだろう、ということを考えたという。今でもさんざんつらい思いをさせているのに……。

E氏は親がいつでも自分を見つめていることを感じていた。

数年後、ヤクザ同士の抗争で死者が出た。E氏はブラウン管に中学のころの「仲間」の顔が被害者として映し出されるのを見た。

E氏は、中学を卒業した後、一年間受験勉強に励んで高校に合格した。さらに大学へ進み、今は三児の父親としてごく普通の社会生活を送っている。

生死の分かれ目

ヤクザになろうとしたときに親の顔が浮かぶかどうか、これが人生を左右する分かれ目であった。暴力をふるう父であったが、E氏はまっとうな道を歩んでほしいという父母の期待と愛情を感じ続けていた。「仲間」たちはヤクザ組織に入るときも親の顔が浮かぶことがなかった。これが、E氏と「仲間」たちの相違だが、また、それぞれの親の違いでもあった。E氏の親は、このようなことをE氏に感じさせる親であった。二十四時間見張ることはできなくても、親はいつでも子どもを見つめていなければならない。親が見つめていることを、子どもが感じうるような親子のつきあいができるかどうかが、子どもの人生を大きく左右する。E氏と、かつての「仲間」たちの場合、その違いは結果として生死の分かれともなった。

子どもが、今、目の前にいない親の視線を感ずることができるかどうか――これは、日常の親の態度の積み重ねによって決まるといえよう。親は自分のことを心底心にかけてくれているのか、自分を見放しているのか――子どもは理屈抜きに感じとるものである。

見つめることは見抜くこと

子どもの異変

もう一つ、筆者のごく親しい者の体験談を紹介したい。

小学校二年生の長男が「お父さん、手伝いするからお小遣いちょうだいね」とさりげなく話すのをF氏は、最初気に留めることもなく生返事をして聞き流していた。子どもは翌日も手伝いをしたいと願い出た。どんなことでもいいから家の手伝いをするのだという。子どものなにやら必死な様子に、F氏は「これは何かあるな」と感じたという。F氏はあらたまって子どもと対座し、きちっと話し合う必要があると思った。夕食後F氏は子どもと向き合った。

「家のことは大人も子どもも、みんなでやるべきだ。家のことを手伝ったからお小遣いをあげるというのはおかしい」。F氏はきっぱりと断った。理解を示さない親に子どもは不満の表情を隠さない。「しかし、どうしても必要な金ならば、それは親が責任をもってつくらなければならない」とF氏。「だから、なんのために金が必要なのかきちんと話しなさい」と促した。子どもは言い出せずに、もじもじしている。相手が納得するような話し方をやろうと心がけながら言葉を選び選び金の使徒を尋ねると、子どもはポツリポツリと話し出した。以下のような事情であった。

ある教師が教壇にサイフを忘れた。これをみつけた生徒が中の金を抜き取った。その生徒は、とった金を何名かの下級生にくばった。F氏の長男もおこぼれをもらい、みんなといっしょにその金でアイスキャンデーを買って食べた。あとになって当の先生にこのことがばれてしまった。先生は教室にサイフを忘れた自分にも責任があるということで、父母に連絡するようなことはしないと子どもたちに約束した。お金はお手伝いでもしてお小遣いをもらって返せばいいと話した。

F氏は、子どもたちがやったことがいかにいけないことなのかを説き聞かせた。長男が使った金はどうしても先生に返さなければならないし、親が責任をもたなければならないので金は父が出すこと、いっしょに先生に会って謝ったうえで金を返すことを確認した。子どもも納得した。

F氏は、それから当の先生に電話して謝罪に行きたいのでぜひ会ってくれるよう要請した。遠慮する教師に対して、F氏は子どもにとっても、そのことがどうしても必要であることを説明した上で了解してもらったという。
翌日、Ｆ氏は子どもをともなって先生に謝罪し、金を返した。

「ぼくのお父さん」

この経験はＦ氏の長男にとって極めて重要な意味をもつものであった。彼は父がいつでも自分のことを真剣に考えてくれていることを実感し、そのことにゆるぎない確信をもつようになっただろう。「ぼくのお父さんだ」という気持ちを強くしたことだろう。そして自分のやったことが、いかに許されぬ重大な行為であるかということを痛感したことだろう。あるいは先生の前で頭を下げている父のみじめな姿は二度と見たくないと感じたかもしれない。

彼はその後同じ行為をくりかえすことはなかった。その後は、おそらく何か「悪さ」と関わろうとした時は、父の視線を感じただろう。

見つめるということは、子どもの状況を見抜くこと、そして、今、子どもにとって何が必要かを考え実行することである。

子どもが問題をかかえていることをＦ氏が見抜けなかったならばこの子は同じ状況下に置かれるといつでもお金をもらう子どものままでいただろう。あるいは、そこにとどまらなかったかもしれない。非行の「成功体験」は、さらに次の非行をさそう。非行化のきっかけになったかもしれない。二十四時間子どもを見張ることは不可能だし、その必要もない。要は子どもを見つめ続けることである。

暴力を容認する判決

最後に「暴力」について考えたい。教育の手段としての暴力をどう考えるか――最近この問題と直接関わる対照的な事件が前後して新聞を賑《にぎ》わした。この機会に問題点を整理して考えておきたい。

戸塚ヨット事件判決

新聞に報道されたのは「戸塚ヨット事件判決」と、「沖縄水産高校けつバット事件」である。戸塚ヨットスクール傷害致死事件に対する判決――新聞は次のように報じている。

昭和五五年から五八年、スパルタ式ヨット訓練で訓練生二人が死亡、二人が行方不明になるなどした「戸塚ヨットスクール事件」で傷害致死罪などに問われた校長の戸塚宏被告（五一）＝名古屋市千種区千種＝ら計十被告の判決公判が二七日午前、名古屋地裁で開かれた。小島裕史裁判官は戸塚被告に懲役三年、執行猶予三年（求刑懲役十年）、他の九被告に懲役二年六月—十月、執行猶予三—二年（求刑懲役六年）の判決を言い渡した。

小島裁判長は四人に対する傷害致死、監禁致死罪の成立を認めたうえ、「戸塚被告らの行為は現在の法秩序の下では、正当業務行為として違法性を阻却するものとはいえない」としながら「私利私欲などのために引き起こした事件とは動機や背景事情において異なる」と述べた。

（九二年七月二七日「琉球新報」夕刊）


裁判官は戸塚被告らが教育の名による暴力行為で四人の少年を死に至らしめたことを認めた。したがって「無罪」とはならないが、動機が私利私欲によるものではないこと等を考慮して執行猶予とするというものである。

報道直後新聞紙上での指摘もあったが、これは実質的な無罪判決に等しいといえよう。過失等ではなく、明確に意識した暴力行為で四人の人間を死に至らしめても、教育のためにやられたことだから刑の執行を猶予する（実質的に何の刑罰も科さない）というのだ。国（裁判所）が結果として暴力を認めたことになる。相手を死に至らしめる暴力を。しかも、四人も。戸塚被告は不登校児童等の治療に暴力的なヨット訓練が役立つと、今も自信を持って主張する。

暴力の「絶対否定」を

自信を深める戸塚被告

「体罰を使えば必ず治る」「私たちの理論が正しいことを証明してみせる」——戸塚被告は、このような主張をくりかえしてきたという。暴力批判の声に対しては「スパルタが悪いと言うなら他の施設と治す競争をしよう」「九九人が治るなら一人ぐらい死んでも仕方がない」と自信たっぷりに断言する。

さらには、「精神的、肉体的に追い込むことであらゆる現代病が治る」との独自の理論をまとめたのだという。

一般の社会から隔絶された場所に子どもたちを監禁し、死者が出るほどの暴力をくりかえす——これが、どのような状況かは想像できよう。陰惨な地獄絵図が連日続いたことであろう。

外に逃げ出すこともできない状況下で、昼夜死ぬほどの暴力を受けて恐怖のあまり家庭内暴力が収まったとしても、それは治ったといえるのだろうか。暴力行為となってあらわれていた家族への執着もすっかりなくなり、人間破壊の状態で主体性がなく、ただただ他に従う人生を歩むようになるのではないか。「治った」という子どもたちがその後他人を信頼し、生き生きと、感性豊かな日常を過ごすようになったのかどうか、確認するまでもないのではないか。

家庭内暴力、不登校児童の教育には「死者が出ても仕方がない」程の体罰（暴力！）を含めたスパルタ教育が必要である——とする戸塚らの教育「理論」を、この判決は実質的に激励している。彼らはますます自信を深めることになる。（この判決は二審で戸塚被告を懲役六年、コーチら三人についても懲役三年六か月～二年六か月の実刑とするとしてくつがえされた。さらに二〇〇二年二月、最高裁は被告ら四人の上告を棄却し、この高裁判決の刑が確定した。）

体罰絶対否定の「けつバット事件」

沖縄水産高校野球部員の「けつバット事件」の記事を目にした時、正直いって私はほほえましい気持ちさえした。日ごろのトレーニングの態度が「たるんでいる」ということで、二年生を整列させて（おそらく全員尻をつきださせ）、上級生である三年生がバットで一人ひとり尻を殴った。正確なことは知りようがないが、この三年生諸君は、けがのないよう十分に配慮してバットを振るったのではないかということが頭に浮かぶ。海岸で酒を飲んで騒ぐとか、野球部員が窃盗に及んだりケンカをするということとは全く異なる性質の行為だと思った。子どもたちの純真な心意気が伝わる。

沖縄水産高校はこの暴力行為を届け出て、甲子園へ続く県予選出場を辞退した。

私は、ごく一部の部員の問題行動を理由に甲子園等への出場辞退を、いわば強要する「連帯責任」論はどうしても賛成できない。出場できなくなった生徒たちは問題を起こした者に生涯恨みを抱き続けることになるだろう。連帯感の強化にはならない。教育的効果はマイナスだ。

しかし、おそらくほとんどの三年生が参加したであろう今度の「けつバット事件」での出場辞退は正解である。子どもたちは、どのような理由があるにしろ暴力はいけないことを、それこそ身をもって理解したであろう。

教育のためには死者が出てもやむをえない、とする戸塚「理論」と、けつバット行為があったということで大会出場を辞退した沖縄水産高校——両者の、暴力に対する考え方は文字通り対照的といえる。正当防衛以外に暴力が許されるという理由や状況はありえない。ましてや教育の手段としての暴力行為は絶対に許されない。

だれも他人に暴力を加える権利はない

暴力は暴力を生む

「体罰必要論」は、今も根強く残る。「体罰」という言い方をしたところで、それが暴力行為であることに変わりはない。体罰教育が必要であるとの意見、殴られた経験がないから殴られる痛みがわからず他人を殴るのだとの主張、そして、このような考え方に基づく「体罰教育」は逆に暴力が有効であることを子どもたちに教えることになる。

教育の手段として暴力が許されるとする主張に関連して、常識的なことだがよく理解されていない、あるいは理解はあっても意外と無視されていることについて、二、三考えておきたい。

一部の論者が言うように、子どもたちは体罰を受けた経験がないから＝殴られた場合の痛さがわからないから他人に暴力を振るうのではない。他人に容易に暴力を振るう子ども（子どもに限らないだろうが）たちは、その多くが自分自身も殴られた経験をもっている。下級生に暴力を振るう上級生は、自らも下級生の頃に上級生から暴力を受けていることが多い。

暴力は、次の暴力を生む。

暴力は慣れる

一生のうちに一度も他人に暴力を振るったことのない者は少なくないだろう。自分と同じ生身の人間、痛みを感じ、苦痛を感じる他人を殴りつけるという行為は、ごく普通の生活をしている一般的な人間にとってたやすくできることではない。

他人に殴られる、あるいは一定の状況下で暴力行為に加わる経験を経て、そのことがきっかけとなって二度、三度と暴力をくりかえす。幾度かくりかえしていると暴力行為に抵抗を感じなくなる。暴力行為は慣れるものである。そのきっかけとなるようなことは絶対にさせない――これが教育的に必要な配慮ではないだろうか。

暴力は拡大する

「愛のムチ」ならば許される――という。「愛のムチ」であるのか否か、それはだれが、いつ判断するのだろうか。殴る本人が、「これは愛のムチなのだ」と考えればいいのだろうか。その「愛のムチ」はどのような状況で許されるのか――これもムチを与える者が判断せざるをえないだろう。「愛のムチ」と判断すれば、いつでもだれでも暴力を加えてもよい、ということになる。体罰が奨励されるとなると、教育の世界に暴力が際限なく広がることになる。

さらに、一の暴力で効果がない場合どうするか。効果のない行為をいつまでもくりかえすことはないだろう。「教育効果」をあげるために、一の暴力は二の暴力になり、それでもだめならば三となり四となる。体罰必要論の立場に固執すると、ついには「九十九人が治るなら一人ぐらい死んでも仕方がない」という主張にいきつくことになる。

教育の現場から暴力行為を一掃すること、体罰絶対否定の立場に立つことがどうしても必要だ。

暴力は犯罪行為

刑法二〇八条は次のように規定している。

「暴行ヲ加ヘタル者人ヲ傷害スルニ至ラサルトキハ二年以下ノ懲役若クハ五百円以下ノ罰金又ハ拘留若クハ科料ニ処ス」

相手に傷を負わさなくても犯罪となる。傷を負わせると「傷害」となり、量刑はさらに重くなる。体罰奨励は結局は「犯罪ノススメ」でもある。だれも他人に暴力を加える権利などない。

補論

補論1は平良市教育委員会の要請で話をした、児童生徒の保護者の皆さんへの報告の記録である。

大人と子どもが一体となって一つの課題に取り組んでいるところに非行など発生しないことを考えるならば、少年非行が社会的な産物であることは明らかである。社会から放り出された子どもたちは反社会、非社会的集団の中で自らの存在意義を確認・実感せざるをえない。

弟が兄を死なせ、高校生が懸命に生きる若者を暴力で死なせるという事件が又々発生した。何もなかったところに突然死亡事件が起きたのではない。子どもの世界では暴力行為が日常的になされていて、そのような中でついに死者が出たのである。子どもたちがすさまじい状況におかれている。

すべての子どもが主人公として大切にされる社会をつくる責任が大人に課されている。労働力や兵士とするための人づくりがなされる社会では子どもたちが主人公となることはありえない。少年非行問題は、すぐれて大人の問題である。このことを大人自身が自覚することが問題解決にとって不可欠である。

補論2は、ベストセラーとなった大平光代の「だからあなたも生き抜いて」の書評として沖縄タイムス紙に掲載されたものである。この書は著者の非行化の過程が今ひとつわかりづらいところに不満は残るが、非行克服のための重要な要件を典型的な姿で示している。それは援助者の存在である。やりそこねた人生を生きなおすには、それを援助する者との出会いが欠かせない。

現代はすべての子どもが主人公として育てられ、指導されることの困難な時代である。子どもたちが非行に陥るのは「ごくまれなこと」ではない。どの子にもありうることである。不幸にして人生につまづいた子どもに「生きなおし」を決意させ、それを実現させるためには彼（彼女）と真剣に向き合ってこれを援助する隣人の存在が必要である。己はその隣人たりうるか？　私たち大人一人ひとりが、肝に銘じたいことである。

少年法がついに「改正」された。ここでその具体的内容について触れる余裕はない。関連文献もいくつか出版されている。ぜひそちらを詳読されたい。明言できることは、この「改正」が少年法の目的である「健全育成」を、その程度はともかく、確実に遠ざけていることである。五年後になされることになっている「見直し」をしっかりと見据える必要がある。

「戸塚ヨットスクール」事件で実刑判決が確定した。死に至る暴力に及んでも教育のためならば刑罰を執行されないということになると社会に暴力が蔓延することになる。最高裁判決はこのことの歯止めになった。

これを機に「体罰論」「暴力論」についてあらためて真剣に考えたい。教育や治療の名によってなされる暴力行為は、行為者の意図はどうあれ、結局はその敗北宣言でしかない。

少年非行の発生する余地のない社会、子どもたち一人ひとりが主人公として大事にされる社会、つまづいた子どもに対しては誰もが真剣に向き合い「生きなおし」を援助する社会――今、明らかにこの逆の方向に社会は「あとずさり」している。このような社会にした大人の責任は大きい。

少年非行問題を大人自身の問題として考えよう。

補論1

今、子どもたちは大人に何を求めているか

～少年の非行を手がかりに～

1　少年非行をみる視点

「今、子どもたちは大人に何を求めているか」と題して話をするよう要請されました。集団暴行・傷害事件を手がかりにこのことを考えてみたいと思います。

家庭裁判所への集団暴行・傷害事件の送致は結構あります。数年まえに石垣市で中学生の集団傷害致死事件がありました。浦添市でも同じような致死事件がありました。集団ではないが、当地宮古でも高校生の暴行による致死事件が数年まえにありました。

集団で殴る蹴る等の暴行を加えるということは大人の社会にはめったにないことです。ぜいぜいやくざのリンチくらいでしょう。ところが少年の世界では、わりと頻繁に起こっている。

集団暴行・傷害事件の調査で、私たち家庭裁判所調査官は、一人ひとり具体的に詳細に尋ねま

す。なぜ殴ろうという気持ちになったのか、事件の経過のどの時点で自分も殴ろうという気持ちになったのか。一人ひとりの関わりについて、それぞれ明確にするよう努めます。

このような事件では、被害者の傷害が軽傷でも、重傷でも、あるいは死亡に至る事件でも行為の内容はほとんど同じです。被害者が死亡するか軽傷ですむかということは、紙一重の違いです。ですから私たちは軽傷でも詳細に調査をしていると非常に怖い。へたをすると被害者は死んでいた、と思うことが多い。よく死ななかったとも思います。そのことは以下のことを考えるならば容易に理解できると思います。

加害少年たちは決して相手にどの程度の傷害を負わせようと計算して暴力を振るうのではない。だから相手の痛手におかまいなく、自分の気持ちが収まるまで暴力を加えることになる。また、どのような暴力行為でも加害少年らは殴るさいに興奮しているのが普通である。冷静な態度で冷ややかに他に暴力を加える少年がいるとするならば、そのような少年は資質的に大きな問題を抱えているといえるでしょう。興奮しているので相手の身体のどの部分をどの程度殴るかなどということはまったく考慮できない。手拳で眼球をついて失明させる、鼓膜を破る等、一生快復不能の傷害を負わせる危険性はいつの場合もはらんでいる。時に死亡の危険もあり、先に述べたように実際に被害者が死亡する事件も発生しています。

大人社会ではほとんどみられない集団暴行事件が、なぜ少年の社会では頻発するのだろうか。

子どもたちを理解しようとするさいに、ここに一つのポイントがあります。

集団暴行・傷害事件では、現場にいた少年らのほとんどが実行行為に及びます。時に被害者に対して怒りを感ずることのない少年までが暴行に加わることもあります。なぜだろうか、ここにも理解のためのポイントがあります。

今日の話で、もう一つ考えたいことは少年非行をつくりだしている社会、大人社会の問題です。少年非行はひとり日本のみの問題ではなく、世界の多くの国の共通の問題となっています。国を越えた現代社会の共通の問題もあろうかと思います。あるいは、日本独自の問題も横たわっているでしょう。しかし、今日はそこまで話を広げるのはやめたいと思います。世界共通の問題や、国家レベルの問題については触れず、今日は私たちが日常すぐにもやれるようなことについて考えたい。従って、社会といっても「地域社会」に限定した問題についてお話したいと思います。

集団暴行・傷害事件で関わった少年たちは、なぜ被害者に恨みを感じない少年も含めて全員が直接手を下すのだろうか。結論から述べるならば――仲間の一員であることを自覚・確認するための行為といえます。子ども社会では、いろいろな仲間が形成されます。勉強仲間というグループが存在するかどうかよくわかりませんが、その他例えば野球のチーム、劇団、合唱団など。各成員はそれぞれが懸命に「プレー」をします。さぼっていると「仲間」にはなれません。オレも皆の仲間であると強く自覚することができるのは一生懸命にがんばった時です。がんばることで自ら仲間であることを確認し、他のメンバーに認めてもらう。

去る平成十一年五月二四日（月）に「家裁調査官『晶子』」というドラマが放映されました。ごらんになった方もおられると思います。主人公の少年が、街で知り合ったばかりの他の数名の少年らと一緒に通行中の大人を殴りつける。いわれている「親父狩り」です。「なぜ殴ったのか？」と追求された少年は「仲間がやるので……」と答えます。「仲間がやれというから」やったと答える。主人公の少年は、仲間になりたかったのです。他の少年たちと同じ「親父狩り」を自ら実行しなければ仲間になれなかったのです。仲間になるためには同じ行為を自らも実行しなければならなかった。

プロ野球でプレー中によく乱闘がありますが、始まるとダッグアウトにいた選手も一斉にかけつけて殴り合いに参加します。あれは、のほほんとベンチに座っていて乱闘に加わらないと後でチームメイトから非難され、あるいは罰金を徴収されることもあるので全員がかけつけるのだと、選手が週刊誌などで発言しているのを読んだことがあります。集団暴行・傷害事件の少年らと非常に似ています。仲間であることの確認行為です。

この少年たちは、暴力行為、傷害行為によってしか他との仲間関係をつくれないのです。暴力や盗みではなく、まっとうな生命の燃焼行為によって仲間との絆を強くする、そのような場、機会がないのです。その原因はいろいろあるでしょう。そのような子どもたちの居場所を大人社会が奪っているということもあると思います。ともあれ、子どもたちにそのような場を保証する、そのような機会をつくり与えることが大人の責任、大人の役割であるといえるでしょう。それぞれの地域社会で、それがやられているのか、ここが考えるべき重要な点です。あとでこのことをもう少し具体的に考えたいと思います。

子どもたちの暴力行為について、ついでに触れておきたいことがあります。暴力を振るう子どもたちは「殴られた経験がないから」殴るのだ、という主張について。このような子どもたちは殴られた経験がなく、痛さがわからないから殴る行為に及ぶのだという見解です。皆さんはどうお考えでしょうか。このような主張からは、必然的に「だから子どもたちは、もっとしばしば殴って教育しなければならない」という結論が導き出されます。この見解はよく耳にします。しかし、私たちの実務経験では、逆の印象が強いのです。後輩に暴力を加える上級生は、かつて下級生の頃自らも上級生に殴られた経験を有する子どもの方が多いように思われます。幼少の頃から親（主に父親ですが）に体罰を加えられ続けて成長した子どもは、強い抵抗感を感ずることもなく、容易に他に暴力を加えます。日常的な暴力の中で生活した者は、暴力を日常行為として身につけることになります。いわば暴力文化を学ぶことになるのです。

先に紹介したテレビドラマ「家裁調査官『晶子』」で、被害者の容態が急変して病院へかつぎ込まれ、主人公の少年は調査官に連れられて被害者を見舞います。被害者の苦しみを近くに見た少年は、激しく動揺します。仲間との連帯の確認行為でしかない暴力行為に及ぶさいは、被害者の苦痛はまったく視野に入らない。改めてその実態に接したときに、少年は初めて自己の行為の意味を知り、感情がたかぶる。

ずいぶん以前のことだが、映画監督の羽仁進氏が「不良少年」という名の映画を撮ったさいに、役者ではなく、「ほんもの」の「不良少年」たちを出演させた。羽仁氏は、映画が完成した時に、出演した少年らを招いて試写会を開いた。めかし込んだ少年らは、いっぱしの映画スターにでもなった気持ちになり得意満面でこの試写に臨んだ。ところが、映画が終わって、会場から出てくる少年らはみな一様にうなだれ、しょげかえっていた。映画では、彼らがさんざん殴り、蹴って、薄汚れた雑巾のように地べたにはいつくばっている被害者の姿がアップで写されていた。顔をゆがめる被害者の表情がスローで映し出される度に少年たちもまた顔をしかめてこれを「鑑賞」した。スクリーンには少年たちの勇姿はなく、被害者の苦痛が大きく映し出されていたのである。少年たちは、今や被害者の側から、自らの暴行行為をいやというほど見せつけられたのである。彼らは、それまで、そのような体験をしたことがなかった。勝利者であり続けた彼らにとって、暴行は常にかっこいいものであった。

被害者が見えないということも彼らの行動の特徴である。ですから、逆に被害者を見ることができるようになれば行動を改めることもある。

2 「気づき」の大切さを考える

「子どもたちは大人に何を求めているか」ということが主催者から与えられている今日の課題です。そのことを子どもたちに直接尋ねても適切な答えはかえってこないでしょう。私たち大人自身が考え出す必要があります。「少年非行問題」を「少年の問題」ではなく、「大人の問題」として視点を変えて考えることが必要だと思います。大人が気づくことが重要です。

お配りした資料のケース事例①では、家出をくりかえす子どもに良かれと思って父は厳しい「指導」を続けるのだが、そのことが逆に子どもの家出の原因の一つとなっている。父はそのことに気づくことなく体罰を含む「徹底指導」で子どもをますます家庭から遠ざける結果となっている。

ケース②では、親が子どもの心の内部に気づかないだけでなく、日常行動の実態、問題行動の状況についてまったく気づかずに、この子は「普通の子」なのだと主張する。

ケース④で、臨床心理学者の河合隼雄氏や女性評論家は女子高校生が「父」を必要としていることに気づき彼女を「一喝」して、その不特定多数の男性とのセックス行為をやめさせた。ケース⑥では、少年の父親が家庭裁判所の調査官との話し合いがきっかけとなって息子と徹底的に話し、そして彼の成長に気づくことができて「本当の家」を建てることができた。

子どもたちの非行克服を援助する過程では、親など大人の側や、子どもの方に新たな「気づき」があり、そのことがきっかけとなって子どもが健全な生活を取り戻すこともあります。

この「気づき」が大切だと思います。大人の側の問題を考えてみましょう。悪さをした子どもを叱責し、非難しているだけでは何の解決にもなりません。非行をくりかえす子どもをまえにして大人は、何とかしてその子を変えようと必死で「指導」します。しかし、「お前は今のままでは駄目だ！」と叱りつけているだけでは子どもの非行克服を期待することはできません。相手を変えるためにはこちらが変わらなければなりません。大人の側がどう変わるのか、そのことについての新たな気づきが必要です。

集団傷害・暴行事件の話に戻ります。このような行為に加わる子どもたちは、そこしか自分の「所属する」集団がないのです。そこからはじき出されると行き場がないのです。だから、彼らは特に恨み、憎しみを感じない相手であっても他のメンバーと同じように実行に及ぶのです。それをしなければ仲間になれないからです。彼らの行為はお互いが仲間であることの確認行為ともいえます。

大人の私たちがやるべきことは、このような子どもたちが暴力仲間に身を置くことなく、まっとうな集団に集うような社会環境をつくるよう努力することでしょう。そのための国とか県とかの役割もあるでしょうが、このような組織づくりは何といっても地域社会が担うべき課題でしょう。地域ぐるみ、学校ぐるみで子どもたちを勉学、スポーツ、地域行事などに積極的に参加させている例を私はいくつも承知しています。そのようなところでは非行が発生する余地はまったくありません。

3　地域社会の課題

大人が子どもをみる場合、何よりも大事なことは子どもの数だけ「ものさし」をもつことです。つまり、他と比較するのではなく一人ひとりの子どもを絶対的な存在として評価すること、相対評価ではなく、子どもたちを絶対評価することがもっとも大切なことです。受験能力やスポーツ能力のみで子どもを輪切り評価することなく、すべての子どもが夢中になって日々を過ごすことのできる地域をつくりあげることが重要です。そのためにはいろいろな試みが可能でしょう。当地でもすばらしい実例をみることができます。

私は先日、マティダ劇場で小学生から大人まで大勢のメンバーによる太鼓演奏を鑑賞する機会を得ました。迫力ある演奏にも感動しましたが、私は職業柄、子どもと大人が同じステージで一緒に汗を流して懸命に太鼓をたたいている姿そのものにも感動を覚えました。

「男と女の間には、深くて暗い河がある」という歌があります。現代社会では、子どもと大人の間にも深くて暗い河があるといえるのではないでしょうか。私たち大人はかけがえのない子どもたちに生きる感動を伝えることなく、彼らを、例えば集団暴行・傷害をくりかえす集団に一体感を覚えるような世界に放り出しているのではないでしょうか。

太鼓演奏に汗を流している子どもと大人の間には自由に行き来できる大きな橋がかかっている。レッスンの苦労、演奏成功による感動等の共有という大きな橋で子どもと大人がしっかりと結びついている。子どもたちが太鼓演奏への情熱を失わない限り、この子たちの中から盗みや「シンナー」吸引に及ぶ者が出ることはないでしょう。

このような、子どもと大人が一体となれる場、子どもが夢中になり、日々生命を燃焼させることのできる社会環境を彼らに準備することが私たち大人の義務であり、責任です。そしてそれができるのは地域社会です。

私たち少年非行に関する機関にいる者は、すでに非行に及んでいる個々の少年に対して、いわば対症療法しかできません。子どもたちをまるごと相手にする地域社会の役割は限りなく重大だと思います。彼らが非行に走るようなことなく、生き生きとした日々を生きることができる地域環境をつくりあげることを、すべての子どもたちを抱きかかえている地域の皆さんに期待して私の話を終わらせていただきます。ご静聴ありがとうございました。

補論2

どんな人でも「生き直せる」

私たちはだれでも自分を認め、自分を評価し、自分を必要とする人々の中に身を置きたいと思う。ごく自然の人情である。周囲の人々がことごとく、その逆の存在として意識されるとき、人はまっとうに生命を燃焼させる日々を生きることはできない。自分を認め、評価し、自分を必要とする隣人を求めて人生をさまようことになる。いわば「居場所」探しの放浪である。

本書は、この放浪の人生を歩んだ元「非行少女」が自らつづった「わが半生記」である。生き抜くことは、「生き直す」ことであり、どのような状況からでも、それは可能であることを自らの体験で明らかにしている。

本書が巷間にあふれている「非行克服記」の中でひときわ群を抜いて多くの読者に読まれているのは、ヤクザ社会まで身を落としたにもかかわらず、司法試験という、わが国でも最も難関といわれている国家試験を突破して、現在、かつて自らもそうであった「非行少年・少女」らの「生き直し」を援助する弁護士として日夜奮闘しているという劇的なドキュメントゆえであろう。

特に強い印象を受けたのは「出会い」であった。つまずいた人間が「生き直し」を決意するとき、そこには必ずそれをさせる「隣人」との出会いがある。後に養父となった「大平のおっちゃん」との出会いが著者に決定的な影響を与え、「生き直し」を決意させた。

著者は真剣に自分と向き合ってくれる人と初めて出会い、そのことが奇跡とも思える「生き直し」を実現する人生の転機となった。

さまざまないきさつでつまずいた人々が著者の奮闘に学び、「生き直し」を決意するであろうが、同時にこの本に感動した多くの読者が「居場所」のない人生をさまよっている「非行少年・少女」たちにとって「真剣に自分と向き合ってくれる隣人」となるよう努力を惜しまないことも期待したい。

あとがき

すべての子どもが主人公

沖縄島の南西はるか四百余キロメートルの洋上に十の有人島と、その他多くの無人島を有する八重山群島がある。その中の石垣島は全島一市の石垣市である。この石垣島の都市部から島を大きく回り込んだ反対側に川平（かびら）という小さな集落がある。めずらしい黒真珠の産地で有名である。真珠を生み育てる海の美しさは格別だ。この美しい小さな集落の学校は小中併置校となっていて、合わせても七十人ほどの生徒数である。某誌の依頼でこの集落についてレポートを書くことになり、中学生たちにインタビューをしたことがある。十人近く集まった子どもたちは、質問に答えてわれ先に発言し、にぎやかな討論会となった。この小さな学校は、テニスが強いことで有名である。八重山では毎年優勝を重ねる。沖縄県代表として全国大会に出場し、上位のランキングに食い込んだことも幾度かあった。その強さの秘密をさぐるべくコートで練習に余念のない彼らを訪ねたのだった。強さの原因について子どもたちは、いろいろ意見を述べた。それはさておくとして、このインタビューで私が強烈な印象を受けたことについて報告したい。

学校が小さいので地区のスポーツ大会では、ほとんど全員が選手となる。一人でいくつもの種目、例えば卓球、テニス、ランニングの選手を兼ねる子どもが何人もいる。全員一体となった学校活動が一年を通して展開される。それだけでなく、この集落では年間いくつもの祭祀儀礼の行事が行なわれ、子どもたちはここでも大人の添え物ではなく、主人公として集団舞踊や棒術等の演者となって参加する。学校の裏には山が迫り、前方には海がひろがる。水泳や山登りも楽しいと、生き生きとした表情で誇らしげに話している。もちろん学校の勉強もおろそかにしない。「君達はいつもいそがしいんだ」と言うと、全員が大声で笑いながら「そうだ、ぼくたちは毎日いそがしい」と、自ら感じいっている。子どもたちが学校で、あるいは地域で大人たちと一体となって充実した日々を過ごしていることがよくわかる。子どもたちが居場所を奪われることなく、全員が地域社会の主人公として生を謳歌している。このような所では、少年非行など発生する余地がない。

最近、島の都市部の○○中学から転校してきたというA君が「ここでは祭りにも参加することができる!」と目を輝かせて発言するので、都市部の祭りを見学したことのある私が「○○中学生も祭りに参加していたぞ」と言うと、A君はすかさず「○○では一部の生徒しか参加できない。ここでは全員一緒に参加できる!」と、きっぱりと反論していた。このA君の言葉がいつまでも私の耳に残っている。すべての子どもが主人公でなければならない。

一九九九年九月九日

南　研作

南　研作（みなみ・けんさく）

1944年2月11日　沖縄県久米島にて生まれる。

本名　上江洲紀夫（うえず のりお）

家庭裁判所調査官

南島　司（みなみじま・つかさ）

非行問題研究者

ボーダーブックス6

まじめになるのはきつい！

―みんなで考えよう「非行少年・少女」たちのSOS ―

発　行	2003年2月28日　初版発行
著　者	南　研作
	南島　司
発行人	宮城正勝
発行所	㈲ボーダーインク 〒902－0076　沖縄島那覇市与儀226-3 電話 098-835-2777　fax 098-835-2840 http://www.borderink.com/
印刷所	でいご印刷